지혜의 나무

KB208542

_____ 님께 드립니다.

삼귀의(三歸依)

거룩한 부처님께 귀의합니다.
거룩한 가르침에 귀의합니다.
거룩한 스님들께 귀의합니다.

오계(五戒)

첫 째 : 살아있는 생명을 해치지 말라.   [不殺生]
둘 째 : 남의 물건을 훔치지 말라.   [不偸盜]
세 째 : 그릇된 생각과 행동을 하지 말라.   [不邪淫]
네 째 : 거짓말을 하지 말라.   [不妄語]
다섯째 : 술과 같은 중독성 물질을 하지 말라.   [不飮酒]

연간계획

	1 Jan	2 Feb	3 Mar	4 Apr	5 May	6 Jun
1						
2						
3						
4						
5						
6						
7						
8						
9						
10						
11						
12						
13						
14						
15						
16						
17						
18						
19						
20						
21						
22						
23						
24						
25						
26						
27						
28						
29						
30						
31						

	7 Jul	8 Aug	9 Sep	10 Oct	11 Nov	12 Dec
1						
2						
3						
4						
5						
6						
7						
8						
9						
10						
11						
12						
13						
14						
15						
16						
17						
18						
19						
20						
21						
22						
23						
24						
25						
26						
27						
28						
29						
30						
31						

___ 월

Sunday	Monday	Tuesday

Wednesday	Thursday	Friday	Saturday

___ 월

Sunday	Monday	Tuesday

Wednesday	Thursday	Friday	Saturday

___ 월

Sunday	Monday	Tuesday

Wednesday	Thursday	Friday	Saturday

___ 월

Sunday	Monday	Tuesday

Wednesday	Thursday	Friday	Saturday

_____ 월

Sunday	Monday	Tuesday

Wednesday	Thursday	Friday	Saturday

_____ 월

Sunday	Monday	Tuesday

Wednesday	Thursday	Friday	Saturday

___ 월

Sunday	Monday	Tuesday

Wednesday	Thursday	Friday	Saturday

___ 월

Sunday	Monday	Tuesday

년

Wednesday	Thursday	Friday	Saturday

___ 월

Sunday	Monday	Tuesday

Wednesday	Thursday	Friday	Saturday

___ 월

Sunday	Monday	Tuesday

Wednesday	Thursday	Friday	Saturday

___ 월

Sunday	Monday	Tuesday

Wednesday	Thursday	Friday	Saturday

___ 월

Sunday	Monday	Tuesday

Wednesday	Thursday	Friday	Saturday

덕행은 스승에게서 배우나
악행은 스승이 없어도 쉽게 배운다.
좋은 습관은 가지기 어려우나
살아가기 편하고
나쁜 습관은 몸에 배이기 쉬우나
살아가기 고단하다.

나부끼는 기쁨을 잡으려는 자
기나 긴 먼동 속에 살리라.

그대의 재산으로 그대의 집을 장식할 수 있으나
그대를 장식하는 것은 오직 그대의 덕성일세.
그대의 의상으로 그대의 몸을 치장할 수 있으나
그대를 치장하는 것은 오직 그대의 행위일세.

서산으로 지는 황혼의 놀을 기다리나니 항상 행운을 놓친다. - 본생담에서

삼귀의(三歸依)

불교의 세 가지 보물(가장 중요한) 〔(삼보: 부처님(佛), 가르침(法), 스님(僧)〕에 돌아가 의지한다는 뜻으로 부처님을 믿고, 가르침을 따르고 스님(승단)을 의지처로 하여 살아가겠다는 목표이자 염원으로 불교 행사를 시작할 때 하는 의식이다.

한순간의 성난 마음이 착한 마음을 태운다. - 법구경

참회(懺悔)

불교에서는 사람들이 자기가 짓는 죄과를 여러 사람들 앞에 숨김없이 공개하고 용서를 구하는 것을 참(懺)이라 하고, 그 죄과를 뉘우치고 부처님이나 스승, 대중 앞에서 고백하고 사과하는 것을 회(悔)라 하며, 이 두 가지를 합쳐서 참회라 한다.

Date/ . .

넘치는 이익은 마음을 어리석게 한다. - 법구경

일주문(一柱門)
사찰에 들어 서기 위해 첫 번째로 통과하는 문이 일주문인데 보통의 문과 달리 기둥이 한줄로 늘어서 있다. 이는 번뇌로 흩어진 마음을 하나로 모아 진리의 세계로 들어간다는 상징이다. 일반 건축에 비해 기둥의 직경이 매우 큰 모습을 하고 있으며 현판이 걸려있다.

인간의 부도덕한 생활과 탐욕, 증오,
잔혹, 시기, 조바심과 같은 오염된
정신은 재앙의 원인이 된다.
반면에 광채를 발산하는 연민과 순결한
정신은 자애와 동정의 마음으로
발전한다.
우주 에너지의 자연법칙은 고루
작용한다.
마음을 제어함으로써
세상을 바꿀 수
있다.

사무량심(四無量心)

중생에 대한 보살의 정신자세 4가지를 말하는 것으로 남을 사랑하는 자애(慈)와 남을 어여삐 여기는 연민(悲), 남의 발전을 기뻐하는 더불어 기뻐함(喜), 득과 실, 찬사와 비난에 흔들리지 않음(捨)이다.

Date/   .   .

무엇이든 태어나면 늙고 죽기 마련이다. - 잡아함경

합장은

바른 손과 왼 손을 합치는 것으로 더러운 자기 마음을 깨끗한 부처님의 마음에
합치며 자기의 마음을 공경하는 상대의 마음과 일치시키는 행동이다. 신뢰와 조화
가 하나로 융합된 불교의식이다.

참된 수행자는 칭찬과 존경에 연연해하지 않는다. - 잡로계경

보리(菩提)

산스크리트어 보디(**Bodhi**)의 중국 발음으로 한자 '提'의 원 발음은 '제'인데 불교에
서는 '리'라고 발음한다. '깨달음' 또는 '깨닫다'의 뜻으로 쓰인다. 또, 깨달음의 지혜
를 말한다.

침묵하라.
눈을 감아라.
그리고 평온하라.
몸과 마음 등 모든 것을
지켜보는 주시자가 되어라.
이 주시자가 존재계에서
유일하게 영원한 것이다.
모든 것이 변한다.
그러나 모든 것을 비추는
주시자는 어떤 변화도 없이
지금 여기에 머문다.
이 주시자가
존재계의 중심이다.

부처님의 10대 제자는

기억력이 뛰어난 아난존자, 고행력이 뛰어난 가섭존자, 기적을 잘 일으키는 목련존자, 지혜가 뛰어난 사리불존자, 성찰력이 뛰어난 수보리존자, 법문을 잘하는 부루나존자, 논리가 뛰어난 가전연존자, 남다른 시력을 갖춘 아나율존자, 계율을 잘 지킨 지계제일 우바리존자, 부처님의 아들로서 남모르게 선행을 잘한 밀행제일 나후라존자를 말한다.

Date/ . .

칭찬도 헐뜯음도 모두 범행(청정한 수행)이다 - 화엄경 . 범행품

Date/ . .

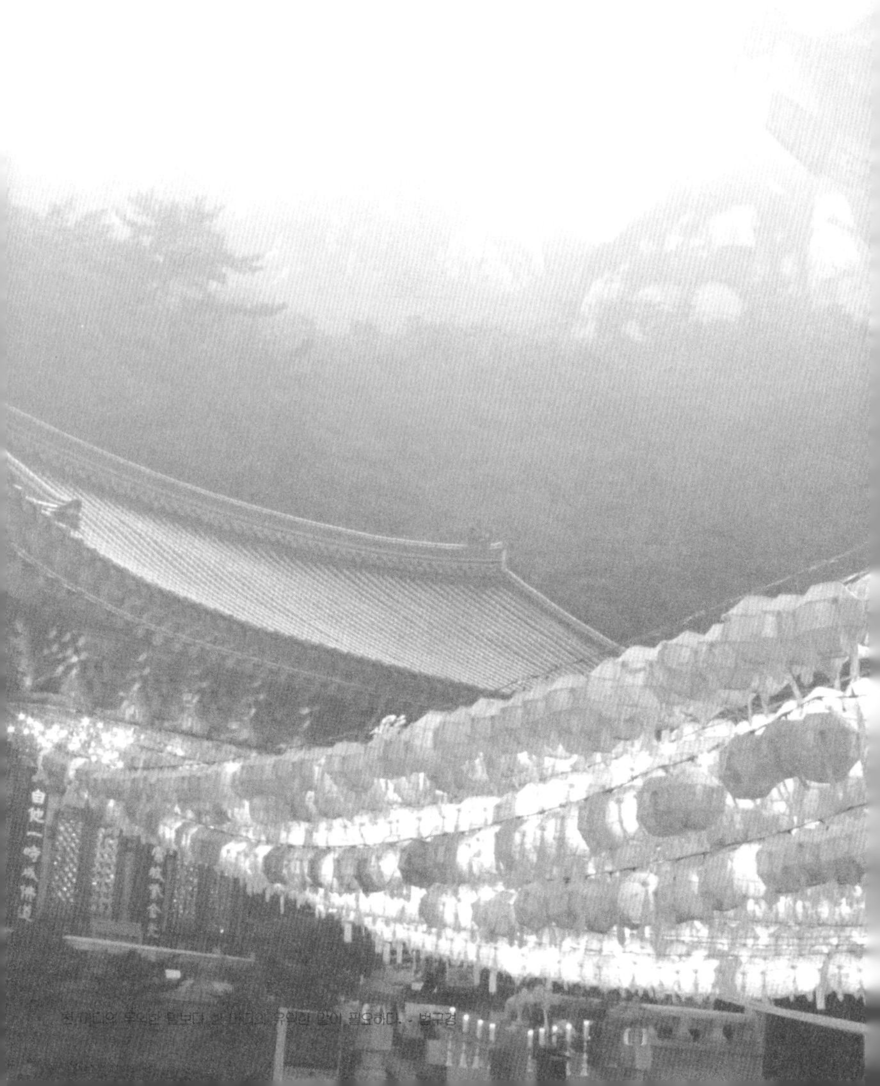

천 마디의 무익한 말보다 한 마디의 유익한 말이 필요하다. - 법구경

Date/   .   .

산 속에 들어가 마음을 닦지 못하더라도 선행을 부지런히 하라. - 발심수행장

다라니

불가사의하고 신비한 힘이 있어 진리를 깨달을 수 있는 불교의 진리가 함축된 말. 진실한 언어, 참된 말로 진언, 주문과 같이 쓰이는 범어로 된 글이다. 다라니는 주로 긴 문장 형식이고, 진언은 한 자에서 한 두 줄 사이의 짧은 문구로 되어있는데 주로 번역하지 않고 보고, 읽고, 외우고, 생각한다.

· 행 선 ·

· 걸을 수 있는 곧고 평평한 통로나 격리된 옥외 장소를 택함
· 10분 내지 20분 정도의 수행 시간을 미리 정함
· 양팔을 옆으로 느슨하게 내려놓음
· 가만히 서 있음
· 바로 앞 바닥에 시선을 둠
· 처음에는 동작을 뇌이다가 몽상이나 상상, 과거나 미래에 대한 생각보다
  현재 일어나고 있는 순간에 마음이 머무는 것이 우세할 때는 뇌는 것을
  중단하고 일어나고 있는 일을 곧장 직접 알아차리도록 함.

서있음, 발을 듬, 발을 앞으로 내밈, 발을 내려놓음, 서 있음, 돌려고 함, 돌아 섬, 서있음, 발을 듬.

법신불

불교의 삼신불로 법, 깨달음의 세계, 진리를 몸으로 삼는 부처님으로 모양과 빛깔이
따로 없으며 오시는 곳도 가시는 곳도 없이 진리 그대로이다. 그러므로 부처님은
이 세상 어느 곳이든지 구석구석 안 계신 곳이 없다.

보신불
불교의 삼신불로 깨달음을 얻기 위해 열심히 수행하신 공덕으로 나타나신 부처님으로 복과 덕이 가득하여 이 세상의 불쌍한 모든 사람들을 구제하시는 부처님이다.

Date/　　.　　.

자신이 지은 선악에 의해 즐거움과 괴로움에 이른다. - 무량수경

화신불

불교의 삼신불로 모든 사람들에게 깨달음의 길을 가르쳐주기 위해 이 세상에 직접 그 모습을 나타내시어 많은 이들을 이끌어 주시는 부처님이다.

석가모니 부처님은 괴로움 속에서 허덕이는 많은 사람들을 밝은 길로 이끌어 주시기 위하여 이 세계에 오셨다.

마음에서 풍기는 덕의 향기는 꽃의 향기를 앞지른다. - 법구경

대웅전
위대한 어른을 모신 곳이란 뜻으로 석가모니 부처님을 모신 큰 법당을 말하는데
다른 부처님을 모시고도 대웅전이라고 하기도 한다.

Date/ . .

마음이 모든 일의 근본이 된다. 마음은 주인이며 일체는 마음이 만든 것이다 - 붓다

사부대중(四部大衆)이란
모든 분들이라는 뜻으로 비구(남자스님), 비구니(여자스님), 우바새(남자신도), 우바
이(여자신도)를 가리키는 네 부분으로 구성된 모임을 뜻한다.

Date/ . .

마음은 마음과 같이 볼 수 없고, 마음은 물과 같이 머무는 일 없다. - 대보적경

보시(布施)

남에게 조건 없이 주는 것을 말하는데 불교의 여러 덕목중 으뜸으로 치는 덕목으로
물건이나 금전적인 것을 주는 재보시(財布施), 경전이나 책 또는 법문(훌륭한 말씀)
을 베푸는 법보시(法布施), 상대방을 두려움과 근심 걱정에서 벗어나 마음을 편안하
게 해주는 무외시(無畏施)가 있다.

있는 그대로 보라

하찮은 지식에 메인 사람들, 진리의 눈을 뜨지 못한 어리석은 사람들은 삶을 정면
으로 보지 못한다. 있는 그대로 보라. 들리는 그대로 이해하라. 포기하지 마라. 지혜
로운 사람은 결코 포기하지 않는다. 바로 이 순간 여기에 행복이 있다.

Date/ . .

행복이란

정신 수양을 통해 얻을 수 있는 마음상태다. 부, 명예, 사회적 지위, 인기와 같은 외부적인 것은 순간적 행복의 자원에 지나지 않으며 진정한 행복의 자원이 아니다. 진정한 자원은 마음, 수양되고 제어되는 마음이다. 마음의 평온은 얻을 수 없는 것이라는 주장은 진실이 아니다. 누구나 청정한 마음을 통해 내적 평화와 평온을 계발할 수 있다. 세상의 무상한 것을 버림으로써 행복이라는 영원한 선물을 얻을 수 있다.

증오는 증오로 다스려지지 않는다. 증오는 자애로 다스려 진다 - 법구경

진정한 의식

진정한 의식이란 어린이의 행동이다. 그것은 탐욕에서 비롯된 기계적인 절차가 아니라 진실한 마음에서 우러나오는 천진난만함이다. 자아를 떨쳐버리고 단순한 의식이나 교리를 떨쳐버리고 의심과 혼란을 지워버리는 그 자리에 참다운 삶이 피어나는 것이다.

착한 일은 작다 해서 아니 하지 말고, 악한 일은 작다 해도 하지 말라. - 명심보감

화 다스리기

남에게 가해진 부당한 행위에 대해 분노를 느끼더라도 그 행위를 바로잡을 처지에 있지 않는 한 분노를 삭혀야 한다. 화가 날 때 화를 내고 있는 마음을 알아차려야 한다. 화를 나게 한 대상에 마음을 두지 말고 화를 내고 있는 마음을 챙겨라. 화가 날 때 그 감정을 살피고 알아차리는 훈련을 해야 한다. 끊임없이 자기 감정 분석을 함으로써 우리는 자기 통제를 할 수 있다는 확신을 갖게 되고 어리석고 비이성적인 행동을 하지 않게 된다.

부처님 오신날

음력 4월 8일은 석가모니 부처님의 탄신일로 연등 행사를 한다. 등을 밝히는 까닭은 진리를 밝히는 것으로 우리의 무지함과 마음의 어두움을 없애고, 지혜의 등불을 밝혀 깨달음을 향해 나아가기 위함이다. 소원을 빌며 남을 사랑하는 자비로운 넓은 마음을 갖자.

자신의 본성을 알면

불교를 쉽게 이해할 수 있다.

불교를 찾아

온 세계를 헤매도

찾을 수 없다.

마음을 집중하여

자신을 살펴본다면

불교를 찾을 수 있다.

이것이 붓다가 가르친

자성의

발견이다.

계율은

고결한 길로 이끄는 선행의 기준이오 원칙이다. 계율에 해당하는 빠알리어는 시라 **(Sila)**로서 이는 도덕적 발전을 위한 수련을 의미한다. 징벌을 두려워하여 실천하는 수행이 아니라 내면에서 우러나는 자발적인 것임을 뜻하며 '자아'라는 허상에 대한 이해로 강화된 순수한 동기─자애, 염리(厭離), 지혜─에서 일어나는 행위이다.

Date/   .   .

세상은 죽음의 두려움에 차 있지만 나에게 그것은 지복이다 - 나낙 구루

만다라(曼茶羅)

'만다라'는 산스크리트어의 만달라(**Mandala**)를 한문으로 옮긴 말로 원뜻은 '둥근원'을 말하는데 '신성한 곳에 불보살의 모습으로 배치한 둥근원'으로 깨달음의 경지를 도형화한 그림, 인간의 심리상태를 도형화한 그림으로 사용하고 있다.

마음으로 삶을 관조하라

비교하지 마라. 판단하지 마라. 구름 한 점 없는 푸른 하늘을 보라. 깨끗함이 백색 만은 아니다. 그런 빈 마음으로 삶을 관조하라. 그러면 돌연 완전한 삶이 축복처럼 그대의 전신을 휘감을 것이다.

Date/   .   .

바르게 보고, 듣고, 바르게 행동하라. - 법구경

중생(衆生)

생명을 가진 모든 것을 '중생'이라 하는데, 일반적으로 사람을 중생이라고 한다. 중생은 대체로 탐, 진, 치(욕심, 노여움, 어리석음) 삼독에서 깨어나지 못하고, 괴로워하고, 두려워하고, 화를 내며 살아가고 있다.

남을 아는 사람은 지혜있는 자이지만 자기를 아는 사람이 더욱 명철한 자이다. - 노자

거울이 사물을 비추듯

생각은 왔다가지만 그대는 영원히 지속된다. 거울이 되어라. 거기에 비친 영상들은 수도 없이 오고 가지만 그대는 항상 그대로 그곳에 있다. 사랑, 분노, 탐욕, 질투… 그 모든 것들이 다가왔다 떠나간다. 하지만 그것은 그대의 것이 아니다. 거울이 사물을 비추듯이 그냥 무심히 바라보라.

Date/   .   .

무슨 일이든지 한 가지 일에 능통하라. - 경행록

사천왕(四天王)

사천왕은 동서남북의 4방위를 지키는 불교의 천왕 4명을 말한다. 동쪽을 지키는 지국천왕(비파를 들고 음악을 사용하여 중생을 불도로 이끌고 지킴), 남쪽을 지키는 증장천왕(보검을 쥐고 복덕과 선근을 증장시키며 불법을 지킴), 서쪽을 지키는 광목천왕(손에 용을 잡고 있으며 큰 눈으로 세계를 관찰하여 중생들을 지킴), 북쪽을 지키는 다문천왕(손바닥에 사리탑을 받들고 있어 탁탑천왕이라고도 하는데 중생들의 재물과 부귀를 지킴)이 있다. 호법신장인 동시에 호국신장으로 전국 각지의 사찰에 사천왕을 모신 천왕문이 세워져 있다.

탐욕의 불길은 감각적 쾌락에 물든 사람을 불태우고,

증오의 불길은 살생을 하는 악의에 찬 사람을 불태우고,

미망의 불길은 담마에 무지하여 허둥대는 사람을 불태우니,

이 세 가지 불길을 모르는 인간들은 태어난 것을 기뻐하니라.

– 붓다. 여시경 –

일에는 순서가 있다. 순위에 따라 미리 준비하라. - 본생경

집착하지마라

내면에 정착하지 않은 사람은 집착하는 사람이다. 그대는 돈에 집착하고, 권력에 집착하고 있다. 그러나 결국 그 집착으로 모든 것을 잃어버릴 것이다. 흐르는 물과 같이 집착에서 벗어나라.

청정한 계율을 지키고 바른 법을 따르라. - 화엄경

삼보와 삼보사찰(三寶寺刹)
삼보란 불(부처님), 법(부처님의 가르침), 승(스님)을 말하고, 삼보사찰이란 부처님의
진신사리를 모신 불보사찰 양산 통도사, 팔만대장경이 있는 법보사찰 합천 해인사,
고승을 많이 배출한 승보사찰 승주 송광사를 삼보사찰이라 한다.

Date/   .   .

한 때의 분한 감정일랑 참으라. 그러면 백일의 근심을 모면할 것이다. - 경행록

지혜로운 사람은
마음을 다스린다. 진리를 향해 존재계의 궁극적인 법을 향해 깨달은 자를 향해 마음을 다스릴 때에는 혼란스러운 마음이 가라앉고 고요함과 평온함을 얻는다. 그대는 잔잔한 호수가 된다. 그 안에 진리가 스며든다.

Date/   .   .

가장 높은 석가모니 부처님
모든 법에 자유자재하사
신통한 힘을 나타내는 일
끝이 없고 헤아릴 수 없네.

보살들의 갖가지 행
한량없고 끝이 없건만
여래의 자재하신 힘으로
모두 다 나타내시네.

불자들이 깊은 법계를
잘 닦아 배우고
걸림없는 지혜 이루어
온갖 법을 분명히 아네.

- 화엄경 화현법계원월왕보살의 게송 중에서

고두배(叩頭拜)

유원반배(惟願半拜)라고도 하는데 무수히 절을 해도 지극한 예경의 뜻을 다 표현
할 수 없어 절을 마치고 일어서기 전에 엎드린 자세에서 팔꿈치를 들지 않고 머
리와 어깨만 들고 합장하였다가 다시 손과 이마를 땅에 대는 아쉬움을 표현하는
예법이다.

백중(百中)
음력 7월 15일을 우란분재일, 백중이라 하는데, 절에서는 스님들이 3개월 간의 공부(하안거)를 마치는 날로 부처님과 스님들께 공양을 올리고 조상님들의 명복을 비는 날이다.

Date/   .   .

성내거나 질투하지 말고, 인색하지 말라. - 잡보장경

경전(經典)을 아무리 많이 외워도 행하지 않으면 좋은 결과를 얻기 어렵다. _법구경

인연(因緣)

불교의 '십이연기(十二緣起)'를 일반적으로 인연이라 말한다. 십이연기는 서로 의존
하면서 생겼다 없어졌다하는 12가지 관계를 말하는데, 이것이 원인이 되어 저것이
되는 것으로 원인에 따라 결과가 생기는 것을 말한다. 그러므로 좋은 일을 많이
해서 좋은 일이 많이 생기도록 해야 하겠다.

남들이 자신을 헐뜯더라도 분노로 대하지 마라. - 장아함경

삼배(三拜)

불자는 신구의(身口意) 삼업을 던져서 절을 한다는 뜻으로 삼배를 올린다. 삼배를
할 때는 몸이 공경의 뜻을 나타내고, 마음이 부처님의 한량없는 공덕을 향하며 그
생각이 일심으로 존경의 뜻을 나타내도록 해야 한다. 또 불, 법, 승 삼보에 귀의한
다는 뜻으로 삼배를 하기도 한다.

영혼이 잠깬 이는 어두움 속에서 지혜의 빛을 밝힌다. - 법구경

다라니

불가사의하고 신비한 힘이 있어 진리를 깨달을 수 있는 불교의 진리가 함축된 말.
진실한 언어, 참된 말로 진언, 주문과 같이 쓰이는 범어로 된 글이다. 다라니는 주
로 긴 문장 형식이고, 진언은 한 자에서 한 두 줄 사이의 짧은 문구로 되어있는데
주로 번역하지 않고 보고, 읽고, 외우고, 생각한다.

쉬워 보이는 일도 해보면 어렵다. 못할 것 같은 일도 시작해 놓으면 이루어진다. - 채근담

5계

5계는 일반 불자들이 받는 계(개인이 자발적으로 지키는 것)로 살생하지 말 것, 남의 물건을 훔치지 말 것, 음행(잘못된 남녀 관계)하지 말 것, 거짓말하지 말 것, 술마시지 말 것 등이다. 아는것보다 실천하는 것이 중요하다.

행복을 위한 POINT

1. 행복을 느끼는 연습을 하라.
2. 행복할 수 있다고 매일매일 확언하라.
3. 나는 행복하다고 믿어라.
4. 행복을 위해 기도하라.
5. 나의 행복을 타인과 함께 나누어라.
6. 지나침 없이 중도를 지켜라.
7. 변화를 두려워 말라.
8. 강한 시련에도 평정심을 유지하라.
9. 나와 타인의 행복을 위해 실천하고 행동하라.
10. 님의 은총에 감사하라.

　　　　행복』파라마한사 요가난다 지음 - 중에서

만(卍)
불교 또는 사찰의 상징마크로 쓰이는 만(卍)자는 길상만덕(吉祥萬德)을 뜻하는데,
한자로는 만복을 상징하여 '萬'으로 표기한다. 태양의 방광을 본뜬 표시로 옛날부
터 어떤 소망의 상징적 기호로 사용되었다.

잘 다스려진 마음은 행복의 근원이다. - 법구경

다비(茶毘)

'다비'란 인도 고대 방언(팔리어)의 한자표기로 '태운다'는 뜻으로 화장(火葬)을 말한다. 불교에서는 육신을 미련없이 버리고 떠난다는 무집착에 의미를 두고 다비(화장)을 한다.

더러운 집착을 버리는 것이 믿음이요 진여인 것이다. - 화엄경

사미, 사미니란

사미는 만 7세 이상 20세 미만의 견습승을 가리키는 말로 절에 갓 들어온 행자와 정식스님의 중간과정에 있는 예비스님이다. 십계(사미계)를 받은 남자를 사미, 여자의 경우 사미니라고 부른다. 사미계를 받은 지 3년이 지나고 만 21세 이상으로 구족계를 받은 스님을 비구라 하고 여자의 경우를 비구니라고 부른다. 구족계는 250여 가지의 계가 되며 비구니계는 이보다 더 많은 348가지나 된다.

깨달음, 평화와 기쁨은

누군가 다른 사람에 의해서 얻어지는 것이 아니다. 그 원천은 우리 마음속에 있으므로 현재 순간에서 그 우물을 깊이 판다면 물이 밖으로 솟아나올 것이다. 진정으로 존재하기 위해서는 현재 순간으로 되돌아가야 한다. 의식적으로 숨쉬기를 수련해 갈 때 비로소 모든 것이 일어나고 있는 현재 순간으로 되돌아가는 것이다.

생명이 있는 것은 죽음을 피할 수 없다. - 숫타니파타

당신이 바쁜 생활의 속도를 늦추어 자아로 돌아갈 필요성을 느낄 때
당신은 어디에 있든 마음 집중하여 숨쉬기를 수련할 수 있는 것이다. 우리는 서 있
거나 앉아 있거나 누워 있거나 아니면 걷고 있는 때라도 어느 자세에서나 마음 집
중하여 호흡할 수 있다. 두드러지게 명상하기를 원하지 말고, 어떤 장소 어떤 시간
이라도 마음 집중하여 호흡한다면 당신 자신을 되찾을 수 있다.

공경할 만한 사람은 남을 사랑하고, 보호하고, 집착하지 않는 사람이다. - 증일아함경

8정도

고통의 원인인 탐(욕심), 진(성냄), 치(어리석음)를 없애는 8가지 실천수행방법으로 올바르게보는 정견(正見), 올바로 생각하는 정사유(正思惟), 바르게 말하는 정어(正語), 바르게 행동하는 정업(正業), 바른생활로 목숨(의,식,주)을 유지하는 정명(正命), 바르게 부지런히 노력하는 정정진(正精進), 올바로 생각하는 정념(正念), 바르게 마음을 안정하는 정정(正定)을 말하는 것으로 불교의 중요한 교리이다.

좋은 물건은 적든 많든 서로 나누어 가져야 한다. - 육방예경

불이문(不二門)

천왕문을 지나면 불이(不二: 둘이 아님)의 경지를 상징하는 불이문이 서 있는데 이는 곧 해탈문을 뜻한다. 이 문은 너와 내가 둘이 아니요, 생사가 둘이 아니며, 생사와 열반, 번뇌와 보리, 중생과 부처 등 모든 상대적인 것이 둘이 아닌 경지를 천명하는 것으로 이 문을 들어서면 불국정토에 들어선다는 뜻이다.

관세음보살(觀世音菩薩)

'천수천안관세음보살'이라고도 하고, '관음보살', '관자재보살'이라고도 한다. 천 개의 손과 천 개의 눈으로 세상 사람들의 고통과 소원을 듣고, 보고, 어루만져 보살펴 주시는 어머니 같은 자비의 보살님으로 관음전, 원통전에 모시고 있으며, 대부분의 법당에도 모시고 있는데 관(모자)의 가운데에 부처님이 표현되어 있다.

남에게 충고하고자 할 때에는 때를 가려서 말하고, 부드러운 말씨로 하여야 한다. - 증지부경전

Date/　　.　　.

남의 잘못을 보지 말고 항상 자기자신을 돌보아 법에 맞는지 살펴보라. - 단마파다

마음 집중은

태양이 식물을 돌보듯이 모든 것을 돌보게 한다. 끊임없이 마음을 수련하여 살아간 다면 분노의 꽃에 변화가 일어나 우리의 의식의 눈이 열리면서 분노 자체의 본질을 보게 될 것이다. 분노의 본질과 근원을 깨달았을 때 우리는 분노에서 벗어나게 되 는 것이다.

Date/ . .

과거를 쫓지 말고, 미래를 소원하라. - 중부경전

오늘날 필요한 것은 옛 지혜다.

옛 지혜는 미래의 최고의 지혜이기도 하다. 지금은 옛 지혜도 미래의 지혜도 가지
고 있지 않다. 이 지혜는 붓다가 찾아낸 영원한 지혜, 즉 법(法, 眞理 Dharma)의
지혜로 아무리 퍼내어도 마르지 않는 샘과 같다. 이 마르지 않는 지혜의 샘을 퍼
내어 영원한 평화와 개인과 나라의 진정한 발전을 이루도록 하자.

보살계 수계자가 지킬 10가지 계행
1.죽이지 말라. 2.도둑질 하지 말라. 3.음란하지 말라. 4.거짓말 하지 말라. 5.술을 먹
지 말라. 6.사부대중의 허물을 말하지 말라. 7.자기 자랑 말고 남을 비방하지 말라. 8.
간탐 부리고 욕설하지 말라. 9.성내지 말라. 10.불, 법, 승 삼보를 비방하지 말라.

Date/   .   .

마음이 너그러울 때에는 온 세상을 다 받아들이지만 옹졸해지면 바늘 하나 꽃을 자리도 없다. - 달마

무명이란

무명이란 마치 길 가던 사람이 동서남북을 잘못 알고 헤매듯 지, 수, 화, 풍의 네 가지 요소가 임시로 합한 것을 실제 자기 몸이라고 집착하여 보이는 대상, 듣는 대상 등 여섯 가지 감각기관의 대상에 의하여 생긴 그림자를 자기의 실제 마음이라고 집착하는 것을 말한다. - 원각경

님이 가르쳐 준 육바라밀
님에게는 아까운 것 없이 무엇이나 바치고 싶은 이 마음.
거기서 나는 보시를 배웠노라.
님에게 보이고자 애써 단장하는 이 마음.
거기서 나는 지계를 배웠노라.
님이 주시는 것이라면 때림이나 꾸지람이나 기쁘게 받는 이 마음.
거기서 나는 인욕을 배웠노라.
자나깨나 쉴 새 없이 님을 그리워하고 님 곁으로 오는 이 마음.
거기서 나는 정진을 배웠노라.
천하의 많은 사람 중에 오직 님만을 사모하는 이 마음.
거기서 나는 선정을 배웠노라.
내가 님의 품에 안길 때, 기쁨도 슬픔도 님과 내가 있음도 잊을 때.
거기서 나는 지혜를 배웠노라.
이제 알았노라.
님은 이 몸에 깨끗한 마음을 가르치려고 화현한 부처님이시라고.
— 춘원 이광수

옴 마니 반메 훔 (관세음보살 본심미묘 육자대명 왕진언)
'옴'은 하늘세상, '마'는 아수라, '니'는 인간, '반'은 축생, '메'는 아귀, '훔'은 지옥세계
의 제도를 뜻하고 또한 일체의 복덕 지혜와 모든 공덕행의 근본을 갈무린 진엄임을
뜻한다. 6도의 중생들을 제도하여 6도의 문을 닫게 한다는 뜻이 담겨있는 이 6자주를
외우면 모든 위대한 공덕을 성취한다고 한다.

마음이 너그러울 때에는 온 세상을 다 받아들이지만 옹졸해지면 바늘 하나 꽂을 자리도 없다. - 달마

보왕삼매론

몸에 병 없기를 바라지 마라. ..... 몸에 병이 없으면 탐욕이 생기기 쉽나니 그래서 성인이 말씀하시되 '병고로써 양약을 삼으라' 하셨느니라.

세상살이에 곤란 없기를 바라지 마라. ..... 세상살이에 곤란이 없으면 업신여기는 마음과 사치한 마음이 생기나니, 그래서 성인이 말씀하시되 '근심과 곤란으로써 세상을 살아가라' 하셨느니라.

공부하는데 마음에 장애가 없기를 바라지 마라. ..... 마음에 장애가 없으면 배우는 것이 넘치게 되나니, 그래서 성인이 말씀하시되 '장애 속에서 해탈을 얻으라' 하셨느니라.

수행하는데 마 없기를 바라지 마라. ..... 수행하는데 마가 없으면 서원이 굳건해지지 못하나니, 그래서 성인이 말씀하시되 '모든 마군으로써 수행을 도와주는 벗을 삼으라' 하셨느니라.

일을 꾀하되 쉽게 되기를 바라지마라. ..... 일이 쉽게 되면 뜻을 경솔한데 두게 되나니, 그래서 성인이 말씀하시되 '여러 겁을 겪어서 일을 성취하라' 하셨느니라.

친구를 사귀되 내가 이롭기를 바라지 마라. ..... 내가 이롭고자하면 의리를 상하게 되나니, 그래서 성인이 말씀하시되 '순결로써 사귐을 길게 하라' 하셨느니라.

남이 내 뜻대로 순종해주기를 바라지 마라. ..... 남이 내 뜻대로 순종해주면 마음이 스스로 교만해지나니, 그래서 성인이 말씀하시되 '내 뜻 에 맞지 않는 사람들로써 원림을 삼으라' 하셨느니라.

공덕을 베풀려면 과보를 바라지 마라. ..... 과보를 바라면 도모하는 뜻을 가지게 되나니, 그래서 성인이 말씀하시되 '덕 베푼 것을 헌신처럼 버리라' 하셨느니라.

이익을 분에 넘치게 바라지 마라. ..... 이익이 분에 넘치면 어리석은 마음이 생겨나나니, 그래서 성인이 말씀하시되 '적은 이익으로써 부자가 되라' 하셨느니라.

억울함을 당해서 밝히려고 하지 마라. ..... 억울함을 밝히면 원망하는 마음을 도웁게 되나니, 그래서 성인이 말씀하시되 '억울함을 당하는 것으로 수행하는 문을 삼으라' 하셨느니라.

이와 같이 막히는 데서 도리어 통하는 것이요. 통함을 구하는 것이 도리어 막히는 것이니, 이래서 부처님께서는 저 장애 가운데서 보리도를 얻으셨느니라.

Date/ . .

세상의 온갖 미혹의 상태는 모두 아집에서 나왔다. 그러므로 아집을 없애면 미혹은 사라진다. - 화엄경 십지품

법을 보는 자는 나를 보고 나를 보는 자는 법을 본다. - 상응부 박카리경

유식파

모든 것은 마음일 뿐이라는 유가행파를 가리킨다. 모든 현상의 근원이 마음에 있음을
명상을 통하여 경험하는 것이다. 우리가 경험하는 모든 것은 심층의 마음인 아뢰야식
이 만들어 내는 것이므로 수행을 깊게 하여 모든 번뇌를 제거하고 아뢰야식에 일대
전환이 일어나야 모든 현상의 진실된 모습을 있는 그대로 보게 된다고 한다.

(제8 아뢰야식 : 우리 마음의 가장 심층에 있는 무의식의 마음을 말하는 것으로 우리
의 생각, 행동, 말 등의 모든 활동의 결과가 그 심층의 마음에 씨앗으로 저장된다고
하여 일명 장식 이라고도 한다.)

부처를 찾고자 하면 너의 본성을 보라. 누구든 본성을 보는 사람이 곧 부처이니라. - 달마대사 혈맥론

복은 검소함에서 생기고 덕은 겸양에서 생기며 지혜는 고요히 생각하는데서 생기느니라.
근심은 애욕에서 생기고 재앙은 물욕에서 생기며 허물은 경망에서 생기고 죄는 참지 못하는 데서 생기느니라.

눈을 조심하여 남의 그릇됨을 보지 말고 맑고 아름다움을 볼 것이며, 입을 조심하여 실없는 말을 하지 말고 착한 말 부드럽고 고운 말을 언제나 할 것이며, 몸을 조심하여 나쁜 친구를 사귀지 말고 어질고 착한 이를 가까이 하라.

어른을 공경하고 덕 있는 이를 받들며 지혜로운 이를 따르고 모르는 이를 너그럽게 용서하라.

오는 것을 거절 말고 가는 것을 잡지 말며, 내 몸 대우 없음에 바라지 말고 일이 지나 갔음에 원망하지 말라.

남을 해하면 마침내 그것이 자기에게 돌아오고 세력을 의지하면 도리어 재화가 따르느 니라.

불자야 이 글을 읽고 낱낱이 깊이 새겨서 다 같이 영원을 살아갈지어다.

- 일타 스님의 법문 중에서

행복은 여정에 있는 것이지 목적지에 있지 않다.
높고 고귀한 열망을 가진 자는 행복하다.
이웃을 풍요하게 하는 자는 행복하다.
남을 방해하지 않고 평화롭게 살게 하는 자는 행복하다.
우리가 사는 세계를 개선하는데 공헌하는 자는 행복하다.
작업, 잔일, 과업 모두가 사랑의 노작(勞作)인 사람은 행복하다.
사랑을 사랑하는 자, 사랑하며 사는 자는 행복하다.

memo

memo

memo

memo ————————————————————————

memo

어느 누구도 앞을 가로막고 선 벽을
대신 무너뜨려 줄 수 없다.

오직 그대 자신의 힘으로 해야만 한다.

그것은 성스러운 산이나
신의 경배를 통해서도 아니다.

그 일을 할 수 있는 것은
오로지 그대 자신의 참다운 용기뿐이다.

三歸依(삼귀의)

歸依佛 兩足尊(귀의불 양족존)

歸依法 離欲尊(귀의법 이욕존)

歸依僧 衆中尊(귀의승 중중존)

예 불 문

오분향례

계향 정향 혜향

해탈향 해탈지견향

광명운대 주변법계 공양시방 무량불법승

헌향진언

『옴 바아라 도비야 훔』 (3번)

지심귀명례 삼계도사 사생자부 시아본사 석가모니불

지심귀명례 시방삼세 제망찰해 상주일체 불타야중

지심귀명례 시방삼세 제망찰해 상주일체 달마야중

지심귀명례 대지문수 사리보살 대행보현보살

　　　　대비관세음보살 대원본존 지장보살 마하살

지심귀명례 영산당시 수불부촉 십대제자 십육성

　　　　오백성 독수성 내지 천이백제대아라한 무량자비성중

지심귀명례 서건동진 급아해동 역대전등 제대조사

　　　　천하종사 일체미진수 제대선지식

지심귀명례 시방삼세 제망찰해 상주일체 승가야중

　　　　유원 무진삼보 대자대비 수아정례 명훈가피력

　　　　원공법계 제중생 자타일시성불도

마하반야바라밀다심경(반야심경)

관자재보살 행심반야바라밀다 시 조견오온개공 도 일체고액 사리자 색불이공 공불이색 색즉시공 공즉시색 수상행식 역부여시 사리자 시제법공상 불생불멸 불구부정 부증불감 시고 공중무색 무수상행식 무안이비설신의 무색성향미촉법 무안계 내지 무의식계 무무명 역무무명진 내지 무노사 역무노사진 무고집멸도 무지역무득 이무소득고 보리살타 의반야바라밀다고 심무가애 무가애고 무유공포 원리전도몽상 구경열반 삼세제불 의반야바라밀다고 득아뇩다라삼먁삼보리 고지반야바라밀다 시대신주 시대명주 시무상주 시무등등주 능제일체고 진실불허 고설 반야바라밀다주 즉설주왈

『아제 아제 바라아제 바라승아제 모지 사바하』

(3번)

천 수 경

정구업진언

「수리수리 마하수리 수수리 사바하」(세번)

오방내외안위제신진언

「나무 사만다 못다남 옴 도로도로 지미 사바하」(세번)

개경게

무상심심미묘법 백천만겁난조우

아금문견득수지 원해여래진실의

개법장진언

「옴 아라남 아라다」(세번)

천수천안 관자재보살 광대원만 무애대비심

대다라니 계청

계수관음대비주 원력홍심상호신 천비장엄보호지

천안광명변관조 진실어중선밀어 무위심내기비심

속령만족제희구 영사멸제제죄업 천룡중성동자호

백천삼매돈훈수 수지신시광명당 수지심시신통장

세척진로원제해 초증보리방편문 아금칭송서귀의

소원종심실원만 나무대비관세음 원아속지일체법

나무대비관세음 원아조득지혜안 나무대비관세음

원아속도일체중 나무대비관세음 원아조득선방편

나무대비관세음 원아속승반야선 나무대비관세음

원아조득월고해 나무대비관세음 원아속득계정도

나무대비관세음 원아조등원적산 나무대비관세음

원아속회무위사 나무대비관세음 원아조동법성신

아약향도산 도산자최절 아약향화탕 화탕자소멸

아약향지옥 지옥자고갈 아약향아귀 아귀자포만

아약향수라 악심자조복 아약향축생 자득대지혜

나무 관세음보살 마하살

나무 대세지보살 마하살

나무 천수보살 마하살

나무 여의륜보살 마하살

나무 대륜보살 마하살

나무 관자재보살 마하살

나무 정취보살 마하살

나무 만월보살 마하살

나무 수월보살 마하살

나무 군다리보살 마하살

나무 십일면보살 마하살

나무 제대보살 마하살

「나무 본사아미타불」(세번)

신묘장구대다라니

나모라 다나 다라 야야 나막알약 바로기제 새바라야 모지사
다바야 마하사다바야 마하가로 니가야 옴 살바 바예수 다라나
가라야 다사명 나막가리다바 이맘 알야 바로기제 새바라 다바
이라간타 나막하리나야 마발타 이사미 살발타 사다남 수반 아
예염 살바보다남 바바말아 미수다감 다냐타 옴 아로계 아로가
마지로가 지가란제 혜혜하례 마하모지 사다바 사마라 사마라
하리나야 구로구로 갈마 사다야 사다야 도로도로 미연제 마하
미연제 다라다라 다린 나레 새바라 자라자라 마라 미마라 아마
라 몰제 예혜혜 로계 새바라 라아 미사미 나사야 나베사 미사미
나사야 모하자라 미사미 나사야 호로호로 마라호로 하례 바나
마 나바 사라사라 시리시리 소로소로 못쟈못쟈 모다야 모다야
매다리야 니라간타 가마사 날사남 바라 하라나야 마낙 사바하
싯다야 사바하 마하싯다야 사바하 싯다유예 새바라야 사바하
니라간타야 사바하 바라하 목카싱하 목카야 사바하 바나마 하
따야 사바하 자가라 욕다야 사바하 상카섭나녜 모다나야 사바
하 마하라 구타 다라야 사바하 바마사간타 이사 시체다 가릿나
이나야 사바하 먀가라 잘마 이바사나야 사바하 「나모라 다나
다라 야야 나막알야 바로기제 새바라야 사바하」(세번)

사방찬

일쇄동방결도량 이쇄남방득청량
삼쇄서방구정토 사쇄북방영안강

도량찬

도량청정무하예 삼보천룡강차지

아금지송묘진언 원사자비밀가호

참회게

아석소조제악업 개유무시탐진치

종신구의지소생 일체아금개참회

참제업장 십이존불

나무참제업장 보승장불 보광왕화염조불

일체향화자재력왕불　백억항하사결정불

진위덕불 금강견강소복괴산불 보광월전묘음존왕불

환희장마니보적불 무진향승왕불 사자월불

환희장엄주왕불 제보당마니승광불

십악참회

살생중죄 금일참회 투도중죄 금일참회 사음중죄

금일참회 망어중죄 금일참회 기어중죄 금일참회

양설중죄 금일참회 악구중죄 금일참회 탐애중죄

금일참회 진에중죄 금일참회 치암중죄 금일참회

백겁적집죄 일념돈탕제 여화분고초 멸진무유여

죄무자성종심기 심약멸시죄역망 죄망심멸양구공

시즉명위진참회

참회진언

「옴 살바못자 모지 사다야 사바하」(세번)

준제공덕취 적정심상송 일체제대난 무능침시인

천상급인간 수복여불등 우차여의주 정획무등등

「나무 칠구지불모대준제보살」 (세번)

정법계진언

「옴 남」 (세번)

호신진언

「옴 치림」 (세번)

관세음보살 본심미묘 육자대명왕진언

「옴 마니 반메 훔」 (세번)

준제진언

나무 사다남 삼먁삼못다 구치남 다냐타

「옴 자례 주례 준제 사바하 부림」 (세번)

아금지송대준제 즉발보리광대원 원아정혜속원명

원아공덕개성취 원아승복변장엄 원공중생성불도

여래십대발원문

원아영리삼악도 원아속단탐진치 원아상문불법승

원아근수계정혜 원아항수제불학 원아불퇴보리심

원아결정생안양 원아속견아미타 원아분신변진찰

원아광도제중생

발사홍서원

중생무변서원도 번뇌무진서원단 법문무량서원학

불도무상서원성 자성중생서원도 자성번뇌서원단

자성법문서원학 자성불도서원성

원이발원이 귀명례삼보

「나무상주시방불

　나무상주시방법

　나무상주시방승」 (세번)

*일반적인 독경은 여기서 끝내지만 불공이나 염불을 할 때에는
다음 네 가지 진언을 하고 이어진다.

정삼업진언

「옴 사바바바 수다살바 달마 사바바바 수도함」 (세번)

개단진언

「옴 바아라 놔로 다가다야 삼마야 바라베 사야훔」 (세번)

건단진언

옴 난다난다 나지나지 난다바리 사바하」 (세번)

정법계진언

나자색선백 공점이엄지 여피계명주 치지어정상

진언동법계 무량중죄제 일체촉예처 당가차자문

「나무 사만다 못다남 남」 (세번) ❀

석가모니불 정근 (기도)

　ㅇ 천수경 독송 연후

나무 삼계도사 사생자부 시아본사 『석가모니불』……

(정근 계속)

　ㅇ 마칠 때

천상천하무여불　시방세계역무비　세간소유아진견

일체무유여불자

　ㅇ 참회하는 게송

원멸사생육도 법계유정　다겁생래 제업장　아금참회

계수례　원제죄장 실소제　세세상행 보살도(3번 3배)

　ㅇ 회향(마침)하는 게송

원이차공덕　보급어일체　아등여중생　당생극락국

동견무량수　개공성불도

아미타불 정근

　ㅇ 천수경 독송 연후

나무서방정토 극락세계　구품연대 섭화중생　대자대비

아미타불　『나무 아미타불』, …… (정근 계속)

　ㅇ 마칠 때

아미타불 본심미묘진언

『다냐타 옴 아리다라 사바하』　(세번 또는 일곱 번 외운 후)

계수서방 안락찰　접인중생 대도사　아금발원 원왕생

유원자비 애섭수

약사여래불 정근

○ 천수경 독송 연후

나무동방 만월세계 십이상원 『약사여래불』…(정근계속)

○ 마칠 때

십이대원 접군기 일편비심 무공결 범부전도 병근심
불우약사 죄난멸 고아일심 귀명정례

관세음보살 정근

○ 천수경 독송 연후

나무 보문시현 원력홍심 대자대비 구고구난

『관세음보살』……(정근계속)

○ 마칠 때

관세음보살 멸업장진언 『옴 아로늑계 사바하』(7번)
구족신통력 광수제방편 시방제국토 무찰불현신
고아일심 귀명정례

지장보살 정근

○ 천수경 독송 연후

나무 유명교주 남방화주 대원본존 『지장보살』…(정근계속)

○ 마칠 때

지장보살 멸 정업 다라니 『옴 바라마니 다니 사바하』(7번)
지장보살 위신력 항하사겁 설난진 견문첨례일념간
이익인천무량사 고아일심 귀명정례

화엄경 약찬게

대방광불화엄경 용수보살약찬게　나무화장세계해 비로자나진법신
현재설법노사나 석가모니제여래　과거현재미래세 시방일체제대성
근본화엄전법륜 해인삼매세력고　보현보살제대중 집금강신신중신
족행신중도량신 주성신중주지신　주산신중주림신 주약신중주가신
주하신중주해신 주수신중주화신　주풍신중주공신 주방신중주야신
주주신중아수라 가루라왕긴나라　마후라가야차왕 제대용왕구반다
건달바왕월천자 일천자중도리천　야마천왕도솔천 화락천왕타화천
대범천왕광음천 변정천왕광과천　대자재왕불가설 보현문수대보살
법혜공덕금강당 금강장급금강혜　광염당급수미당 대덕성문사리자
급여비구해각등 우바새장우바이　선재동자동남녀 기수무량불가설
선재동자선지식 문수사리최제일　덕운해운선주승 미가해탈여해당
휴사비목구사선 승열바라자행녀　선견자재주동자 구족우바명지사
법보계장여보안 무염족왕대광왕　부동우바변행외 우바라화장자인
바시라선무상승 사자빈신바수밀　비실지라거사인 관자재존여정취
대천안주주지신 바산바연주야신　보덕정광주야신 희목관찰중생신
보구중생묘덕신 적정음해주야신　수호일체주야신 개부수화주야신
대원정진력구호 묘덕원만구바녀　마야부인천주광 변우동자중예각
현승견고해탈장 묘월장자무승군　최적정바라문자 덕생동자유덕녀
미륵보살문수등 보현보살미진중　어차법회운집래 상수비로자나불
어련화장세계해 조화장엄대법륜　시방허공제세계 역부여시상설법
육육육사급여삼 일십일일역부일　세주묘엄여래상 보현삼매세계성

화장세계노사나 여래명호사성제 　 광명각품문명품 정행현수수미정

수미정상게찬품 보살십주범행품 　 발심공덕명법품 불승야마천궁품

야마천궁게찬품 십행품여무진장 　 불승도솔천궁품 도솔천궁게찬품

십회향급십지품 십정십통십인품 　 아승지품여수량 보살주처불부사

여래십신상해품 여래수호공덕품 　 보현행급여래출 이세간품입법계

시위십만게송경 삼십구품원만교 　 풍송차경신수지 초발심시변정각

안좌여시국토해 시명비로자나불

의상조사 법성계

법성원융무이상 제법부동본래적 무명무상절일체

증지소지비여경 진성심심극미묘 불수자성수연성

일중일체다중일 일즉일체다즉일 일미진중함시방

일체진중역여시 무량원겁즉일념 일념즉시무량겁

구세십세호상즉 잉불잡란격별성 초발심시변정각

생사열반상공화 이사명연무분별 십불보현대인경

능인해인삼매중 번출여의부사의 우보익생만허공

중생수기득이익 시고행자환본제 파식망상필부득

무연선교착여의 귀가수분득자량 이다라니무진보

장엄법계실보전 궁좌실제중도상 구래부동명위불

경허스님 참선곡(參禪曲)

홀연(忽然)히 생각하니 도시몽중(都市夢中) 이로다 천만고 영웅
호걸 북망산 무덤이요 부귀문장(富貴文章) 쓸데없다 황천객을 면
할소냐 오호라 나의몸이 풀끝에 이슬이요 바람속에 등불이라 삼
계대사 부처님이 정녕히 이르사대 마음깨쳐 성불하여 생사윤회
영단(永斷)하고 불생불멸 저국토에 상낙아정(常樂我淨) 무위도를
사람마다 다할줄로 팔만장교 유전이라 사람되어 못닦으면 다시공
부 어려우니 나도어서 닦아보세 닦는길을 말하려면 허다히 많건
마는 대강추려 적어보세 앉고서고 보고듣고 착의끽반 대인접화
일체처 일체시에 소소영영 지각하는 이것이 무엇인고 몸둥이는
송장이요 망상번뇌 본공(本空)하고 천진면목 나의부처 보고듣고
앉고눕고 잠도자고 일도하고 눈한번 깜짝할제 천리만리 다녀오고
허다한 신통묘용 분명한 나의마음 어떻게 생겼는고 의심하고 의
심하되 고양이가 쥐잡듯이 주린사람 밥찾듯이 목마른때 물찾듯이
육칠십 늙은과부 외자식을 잃은후에 자식생각 간절하듯 생각생각
잊지말고 깊이궁구 하여가되 일념만년 되게하야 폐침망찬(廢寢忘
饌) 할지경에 대오하기 가깝도다 홀연히 깨달으면 본래생긴 나의
부처 천진면목 절묘하다 아미타불 이아니며 석가여래 이아닌가
젊도않고 늙도않고 크도않고 적도않고 본래생긴 자기영광 개천개
지(盖天盖地) 이러하고 열반진락 가이없다 지옥천당 본공하고 생
사윤회 본래없다 선지식을 찾아가서 요연히 인가받어 다시의심
없앤후에 세상만사 망각하고 수연방광 지내가되 빈배같이 떠놀면
서 유연중생 제도하면 보불은덕 이아닌가 일체계행 지켜가면 천

상인간 복수(福壽)하고 대원력을 발하여서 항수(恒隨) 불학(佛學) 생각하고 동체대비 마음먹어 빈병걸인(貧病乞人) 괄시말고 오온색신(五蘊色身) 생각하되 거품같이 관(觀)을하고 바깥으로 역순경계 몽중으로 관찰하여 해태심을 내지말고 허령한 나의마음 허공과 같은줄로 진실히 생각하여 팔풍오욕 일체경계 부동한 이마음을 태산같이 써나가세 헛튼소리 우시개로 이날저날 헛보내고 늙는줄을 망각하니 무슨공부 하여볼까 죽을제 고통중에 후회한들 무엇하리 사지백절 오려내고 머릿골을 쪼개낸듯 오장육부 타는중에 앞길이 캄캄하니 한심참혹 내노릇이 이럴줄을 누가알꼬 저지옥과 저축생의 나의신세 참혹하다 백천만겁 차타(蹉跎)하여 다시인신(人身) 망연하다 참선잘한 저도인은 서서죽고 앉아죽고 앓도않고 선세하며 오래 살고 곧죽기를 마음대로 자재하며 항하사수 신통묘용 임의쾌락 소요하니 아무쪼록 이세상에 눈코를 쥐어뜯고 부지런히 하여보세 오늘내일 가는것이 죽을날에 당도하니 푸줏간에 가는소가 자욱자욱 사지(死地)로세 예전사람 참선할제 잠깐을 아꼈거늘 나는어이 방일하며 예전사람 참선할제 잠오는것 성화하여 송곳으로 찔렀거늘 나는어이 방일하며, 예전사람 참선할제 하루해가 가게되면 다리뻗고 울었거늘 나는어이 방일한고 무명업식 독한술에 혼혼불각(昏昏不覺) 지내다니 오호라 슬프도다 타일러도 아니듣고 꾸짖어도 조심않고 심상히 지내가니 혼미한 이마음을 어이하야 인도할꼬 쓸데없는 탐심진심(貪心瞋心) 공연히 일으키고 쓸데없는 허다분별 날마다 분요(紛擾)하니 우습도다 나의지혜 누구를 한탄할꼬 지각없는 저나비가 불빛을 탐하여서 제죽을줄 모르도다 내마음을 못닦으면 여간계행(如干戒行) 소분복덕(少分福德) 도무지 허사로세 오호라

한심하다 이글을 자세(仔細)보아 하루도 열두때며 밤으로도 조금자
고 부지런히 공부하소 이노래를 깊이믿어 책상위에 펴놓고 시시때
때 경책하소 할말을 다하려면 해묵서이(海墨書而) 부진(不盡)이라
이만적고 그치오니 부디부디 깊이아소 다시한말 있아오니 돌장승이
아기나면 그때에 말할테요. (끝)

이산 혜연선사 발원문(怡山 慧然禪師 發願文)

시방삼세 부처님과 팔만사천 큰법보와 보살성문 스님네께
지성귀의 하옵나니 자비하신 원력으로 굽어살펴 주옵소서.
저희들이 참된성품 등지옵고 무명속에 뛰어들어 나고죽는
물결따라 빛과소리 물이들고, 심술궂고 욕심내어 온갖번뇌
쌓았으며, 보고듣고 맛봄으로 한량없는 죄를지어 잘못된길
갈팡질팡 생사고해 헤매면서, 나와남을 집착하고 그른길만
찾아다녀 여러생에 지은업장 크고작은 많은허물 삼보전에
원력빌어 일심참회 하옵니다.
바라옵건대 부처님이 이끄시고 보살님네 살피옵서.
고통바다 헤어나서 열반언덕 가사이다. 이세상에 명과복은
길이길이 창성하고 오는세상 불법지혜 무럭무럭 자라나서
날적마다 좋은국토 밝은스승 만나오며 바른신심 굳게세고
아이로서 출가하여 귀와눈이 총명하고, 말과뜻이 진실하며
세상일에 물안들고 청정범행 닦고닦아 서리같이 엄한계율
털끝인들 범하리까. 점잖은 거동으로 모든생명 사랑하여
이내목숨 버리어도 지성으로 보호하리. 삼재팔난 만나잖고

불법인연 구족하며 반야지혜 드러나고 보살마음 견고하여
제불정법 잘배워서 대승진리 깨달은뒤 육바라밀 행을닦아
아승지겁 뛰어넘고 곳곳마다 설법으로 천겁만겁 의심끊고
마군중을 항복받고 삼보를 잇사올제 시방제불 섬기는일
잠깐인들 쉬오리까.

온갖법문 다배워서 모두통달 하옵거든 복과지혜 함께늘어
무량중생 제도하며 여섯가지 신통얻고 무생법인 이룬뒤에
관음보살 대자비로 시방법계 다니면서 보현보살 행원으로
많은중생 건지올제 여러갈래 몸을나퉈 미묘법문 연설하고,
지옥아귀 나쁜곳엔 광명놓고 신통보여 내모양을 보는이나
내이름을 듣는이는 보리마음 모두내어 윤회고를 벗어나되
화탕지옥 끓는물은 감로수로 변해지고 검수도산 날선칼날
연꽃으로 화하여서 고통받던 저중생들 극락세계 왕생하며,
나는새와 기는짐승 원수맺고 빚진이들 갖은고통 벗어나서
좋은복락 누려지다.

모진질병 돌적에는 약풀되어 치료하고 흉년드는 세상에는
쌀이되어 구제하되 여러중생 이익한일 한가진들 빼오리까.
천겁만겁 내려오던 원수거나 친한이나 이세상 권속들도
누구누구 할것없이 얽히었던 애정끊고 삼계고해 뛰어나서
시방세계 중생들이 모두성불 하사이다.

허공끝이 있사온들 이내소원 다하리까.

유정들도 무정들도 일체종지를 이루어지이다.

종단 주소록

종단명	주 소	전화번호	우편번호
대한불교 조계종	서울시 종로구 견지동 45번지 한국불교역사문화기념관	2011-1700	110-170
한국불교 태고종	서울시 종로구 사간동 112	739-3450	110-190
대한불교 천태종	충북 단양군 영춘면 백자리 132-1	043)423-7100	395-831
대한불교 진각종	서울시 성북구 하월곡동 22	911-0751	136-865
대한불교 관음종	서울시 종로구 숭인동 178-3	763-0054	110-824
대한불교 총화종	경기도 남양주시 호평동 342-1	031)743-0066	472-120
대한불교 보문종	서울시 성북구 보문동 3가 168	928-3797	136-083
불 교 총 지 종	서울시 강남구 역삼2동 776-2	552-1080	135-928
대한불교 원효종	서울시 종로구 내수동 75 용비어천가 936호	735-0501	110-130
대한불교 일승종	경기도 구리시 교문동 346-16	031)562-2751	471-855
대한불교 대각종	충남 부여군 내산면 저동리 21-5	041)832-1188	323-881
대한불교일붕선교종	서울시 종로구 세검정로 6길 76-9번지(신영동 일붕선원)	991-8175	142-885
대한불교 원융종	서울시 구로구 구로2동 704-23	857-5094	152-870
대한불교 조동종	서울시 노원구 상계4동 154	2091-0408	139-817
대한불교 용화종	경북 구미시 지산1동 521 아미사	063)284-1418	730-819
대한불교 대승종	경상남도 창원시 마산회원구 양덕동 18길 28-43번지 천연암	055-253-1074	630-809
대한불교 삼론종	충청북도 충주시 교현2동 539-21번지 우암정사 2층	0502-321-3333	
한국불교 여래종	충북 옥천군 동이면 우신리 산71	043)731-2261	373-832
보국불교 염불종	대전시 동구 판암동 229-10	042)282-6936	300-832
한국불교 미륵종	서울시 은평구 구산동 211-11 (도명암)	351-3679	-
대한불교 진언종	부산시 부산진구 전포2동 204-19	051)809-5789	614-864
대한불교 본원종	서울시 종로구 평창동 417-3 (연화정사)	391-4376	110-848
한국불교 법륜종	경기도 양주시 장흥면 울대리 287-1번지(사패산 원각사 內)	(031)879-5233	
대한불교 법상종	경기도 안성시 삼죽면 기솔리 33-1	031)677-9950	456-881
대한불교 미타종	서울시 동대문구 회경1동 112-39 진영빌딩 305호	2242-1049	130-875
대한불교 법화종	서울시 성북구 삼선동 1가 11-73	762-7045	136-041
대한불교 정토종	대전광역시 유성구 원신흥동 337-2	042)823-5641	-
대한불교 법연종	경상남도 합천군 가회면 황매산 공원길 62-1	(055)932-8811	
불교조계종 삼화불교	서울시 강남구 신사동 511-5	511-2026	135-887
한국불교종단협의회	서울시 종로구 우정국로 45-19 조계사불교대학 3층	732-4885	110-140

Telephone

Name	Phone	H·P
	E-mail	Address

Telephone

Name	Phone	H·P
	E-mail	Address

Telephone

Name	Phone	H·P
	E-mail	Address

Telephone

Name	Phone	H·P
	E-mail	Address

Name	Phone	H·P
	E-mail	Address

Telephone

Name	Phone	H·P
	E-mail	Address

Telephone

Name	Phone	H·P
	E-mail	Address

Telephone

Name	Phone	H·P
	E-mail	Address

Name	Phone	H·P
	E-mail	Address

수능엄경 (상, 중, 하)   천명일 해설 / 각**20,000원**

'마음과 식심(識心)의 허구성'을 파고드는
<수능엄경(首楞嚴經)>을 귀납추리의 논리정연함으로
풀어낸 해설은 부처님 설법의 진수로 우리를 깨달음의
세계로 안내한다.

산성 할아버지의 이야기 천자문

천명일 지음 / **18,000원**

케이블TV "산성 할아버지의 신사고 한문이야기"로 방영된
이야기를 책으로 엮어 냈다.
천자문을 통해 나 자신을 아는 지혜의 등불이며, 깨달음으
로 들어가는 대해탈의 경문이 되도록 풀어내고 있다.

절로 가는 길

천명일 지음 / **20,000원**

절이 지닌 의미와 깨침의 미학

심신의 모든 감성과 마음까지도 환히 깨닫는 이야기.
사찰은 본래 우리 내면의 각성세계를 밖으로 잘 대비시켜
놓은 것이다. 사찰의 구조적 풍광과 모든 조형의 조각물이
문자로 보이고 자신의 내면의 소리로 들리도록 안내 한다.

법화수행 (법화경 해설과 수행법)

황명찬 지음 / 신국판 / **12,800원**

저자는 대학에서 강의하던 노하우와 **30**여 년간에 걸친
불교공부를 접목하여 법화경의 요점을 알기 쉽게 정리하고,
비유와 반복을 통해 법화수행을 할 수 있게 안내한다.
본문에 삽입된 연꽃사진이 마음에 여유를 준다.

현명한 사람은 마음을 다스린다

담마난다 지음 / 홍종욱 옮김 / **8,900원**

두려움과 근심 속에 하루하루를 살아가는 이들을 위한
'마음 다스리기' 법을 전하는 책으로 인도의 우화와 짧은
경구, 그리고 부처님의 말씀은 물론 예수·공자 등 성자나
철학자들의 잠언, 저작 등을 인용해 부처님의 가르침을
전하고 있다.

지혜의 나무 서울시 종로구 관훈동 198-16   Tel / 02-730-2211   Fax / 02-730-2210

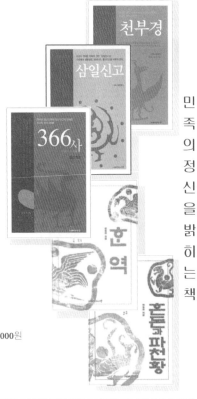

마음을 풀어주는 명상   다이애나 St 루드 지음 / 홍종욱 옮김 / 값**10,000**원

명상을 위한 기초이론과 자세, 호흡, 시간, 행법 등 명상의 기초부터 수행의 단계까지
가벼운 삽화를 통해 알기 쉽고 편안하게 소개하는 불교명상 안내서이다.

행복   **파라마한사 요가난다 지음 / 김은희 옮김** / 값**10,000**원

가장 근원적이고 영원한 행복의 공식!
바로 지금 내면의 기쁨으로 들어가는 단순하고 명쾌한 가르침들!

모든 것은 내안에 있다   카비르 지음 / 박지명 옮김 / **12,000**원

인도의 성자 카비르가 들려주는 작고 소박한 울림과 사랑의 시들은
우리를 내면의 세계로 안내해 줄 것이다.

명상 비전   박지명, 이서경 원전 주해 / 값**23,000**원

고대의 시바 신이 가르쳐 주는 **112**가지의 명상비법!
탄트라비전의 모든 수행체계를 산스크리트 원전과 함께 잘 전달하고 있다.

백문백답(어린이가 묻고 할아버지가 알려주는) -천명일 지음

이 책은 어린이의 질문을 통한 인생의 진리를 꿰뚫는 명쾌한
이야기들로 가득하다. 남녀노소 누구나 읽어 보면 다양한
견해로 좀 더 성숙된 삶을 살아가는데 많은 보탬이 될 것이다.
부모와 자녀가 함께 읽으며 서로의 생각을 공유해 보는 것도
좋을 것이다. (세종도서 교양부문 추천도서)

블립(Bleep)-(What the Bleep Do we Know!?)

윌리암 안츠, 마크 빈센트, 벳시 체스 공저 | 박인재 옮김
값**15,000**원

이 책은 세계적으로 양자물리학을 선도하고 있는 **14**명의 저
명한 물리학자, 신경생리학자, 종교 연구가, 생물학자, 의학자
들을 통해 양자물리학과 영성, 삶의 의미를 묻고 우리의 인
식, 믿음, 생각, 또 마음 그 자체까지 깊이 탐구하게 한다.

지혜의 나무   서울시 종로구 관훈동 198-16 Tel / 02-730-2211 Fax / 02-730-2210

Personal Memo

이 름		
자 택	전화번호	
	핸드폰	
	주소	
	E-mail	
직 장	회사명	
	전화번호	
	팩스	
	주소	
사 찰	사찰명	
	전화번호	
	주소	
	홈페이지	

발 행 / 2014년 12월 17일 발행인 / 이의성 발행처 / 지혜의나무

등록번호 제1-2492 주소 : 서울 종로구 관훈동 198-16 남도빌딩 3층

전화 730-2211 팩스 730-2210 ISBN 979-11-85062-07-5 03220